B2 C1.1   **AVANCÉ**

Claire Miquel

VOCABULAIRE PROGRESSIF DU FRANÇAIS
CORRIGÉS

3ᵉ édition
avec 390 exercices

www.cle-international.com

© CLE International / Sejer, Paris, 2018
ISBN : 978-209-038201-3

SOMMAIRE

1. LES MESURES – LES QUANTITÉS 5
2. FORMES ET MATÉRIAUX 5
3. LUMIÈRE ET COULEURS 6
4. LE JARDINAGE ET LE BRICOLAGE 7
5. LA GASTRONOMIE 8
6. MOUVEMENTS, GESTES ET POSTURES 8
7. L'APPARENCE PHYSIQUE 10
8. LE SPORT 11
9. LA SANTÉ – LA CONSULTATION MÉDICALE 12
10. CARACTÈRE ET PERSONNALITÉ 13
11. LA VIE AFFECTIVE 15
12. LES RÉACTIONS ÉMOTIONELLES 16
13. LA VIE INTELLECTUELLE 17
14. L'OPINION ET L'APPRÉCIATION 18
15. LA VOLONTÉ ET L'ACTION 19
16. LA COMMUNICATION 20
17. CHANGEMENTS ET PROGRÈS 21
18. L'ENSEIGNEMENT SUPÉRIEUR 22
19. LE MONDE DE L'ENTREPRISE 22
20. L'ÉCONOMIE ET LE COMMERCE 23
21. LES MÉDIAS – LA PRESSE 24
22. LES CRIMES ET LES FAITS DIVERS 25
23. L'ENVIRONNEMENT 25
24. LA POLITIQUE ET LA SOCIÉTÉ 26
25. L'HISTOIRE 27
26. LES ARTS VISUELS 28
27. THÉÂTRE – MUSIQUE – CINÉMA 28
28. LE LIVRE ET LA LITTÉRATURE 30
    ACTIVITÉS COMMUNICATIVES 30

Chapitre 1   Les mesures – les quantités

Exercices p. 7

❶ 1. V – 2. F – 3. V – 4. V – 5. V – 6. F – 7. V

❷ 1. arrondir – 2. êtes, sommes – 3. fait – 4. divisé – 5. calcul, calculette – 6. règlement – 7. le montant – 8. multiplié

❸ calcul – division – calculette – compter – compter/calculer – tête – compte

Exercices p. 9

❶ 1. le total, ses comptes – 2. mesure, fait – 3. calcule, connaît – 4. pèse – 5. la largeur, l'épaisseur, la longueur – 6. fraction – 7. de

❷ 1. pèse – 2. dimensions – 3. fait, long/longueur, haut/hauteur – 4. proportions – 5. une tonne – 6. moyenne – 7. divisé, fois – 8. disproportionnée

❸ 1. Elle est disproportionnée – 2. Il pèse une tonne – 3. Elles pèsent sur… – 4. En surface,… – 5. Il n'a pas approfondi son sujet. – 6. Dans la mesure du possible… – 7. à longueur de temps

Exercices p. 11

❶ 1. se met, se coupe – 2. une foule, un tas – 3. deux – 4. doigts – 5. long – 6. donne

❷ 1. mille lieues – 2. poids, mesures – 3. comme quatre – 4. quatre cents – 5. commune mesure – 6. mesures

❸ 1. vit à cent à l'heure – 2. coupes les cheveux en quatre – 3. Il y a deux poids, deux mesures – 4. me coupe/me mets en quatre pour eux – 5. fait les cents pas/marche de long en large – 6. en deux mots – 7. pour trois fois rien – 8. Je vous le donne en mille !

Chapitre 2   Formes et matériaux

Exercices p. 13

❶ **Horizontalement :** cylindre – angle – diamètre – carré – ovale – sphère – diagonale – **Verticalement :** rayon – spirale – cube – cercle – losange

❷ 1. circulaire – 2. droit – 3. parallèle – 4. six – 5. ronde – 6. le cercle – 7. cercle

❸ 1. l'hexagone – 2. le ballon – 3. la diagonale – 4. le losange – 5. l'angle – 6. les droites/les lignes – 7. le diamètre

❹ 1. cercle – 2. diagonale – 3. un rond* – 4. quadrature – 5. arrondir – 6. en rond – 7. ovale – 8. sphères

Exercices p. 15

1 1. bois – 2. d'or – 3. de plomb – 4. pierre – 5. l'or – 6. d'argent

2 1. de bois – 2. les pierres – 3. d'or – 4. de plomb – 5. d'acier – 6. d'or

3 1. Nous ferons d'une pierre deux coups. – 2. Il l'a acheté à prix d'or – 3. Il a une main de fer dans un gant de velours – 4. Elle a une santé de fer. – 5. Pour tout l'or du monde… – 6. Je touche du bois ! – 7. Je ne lui jette pas la pierre. – 8. Il faut des nerfs d'acier et une volonté de fer – 9. Ils roulent sur l'or. – 10. Il est resté de marbre.

Chapitre 3 Lumière et couleurs

Exercices p. 17

1 1. terne – 2. éblouissante, aveuglante – 3. éclairée, illuminée – 4. sombre, obscure – 5. rayonnante – 6. crue, froide

2 1. tamisée – 2. trouble – 3. blafarde – 4. éclairée, sombre – 5. aveuglé(e)/ébloui(e) – 6. éclairent, lumière

3 1. ils brillent – 2. notre reflet – 3. un clignotant de voiture/un voyant lumineux – 4. le soleil/un projecteur/un magnifique spectacle/une belle performance d'un artiste… – 5. un diamant/de la neige au soleil/des étoiles/des paillettes…

4 1. Le soleil éblouit la jeune femme/elle est éblouie/aveuglée par le soleil/elle a le soleil dans l'œil. 2. La lampe est allumée et éclaire bien le journal que lit ce monsieur. La lampe donne une lumière chaude, la pièce est bien éclairée.

Exercices p. 19

1 **Nuances de vert :** jade, pistache – **Nuances de rouge :** coquelicot, vermillon, cerise – **Nuances de brun :** chocolat, noisette, acajou – **Nuances de rose :** layette, bonbon, saumon – **Nuances de jaune :** moutarde, citron, or, ocre – **Nuances de bleu :** turquoise, marine

2 1. neige – 2. blanche – 3. d'un œil noir – 4. au marché noir – 5. noire – 6. en noir – 7. chatoyante

3 1. cousue – 2. noire – 3. bête – 4. carte – 5. raisin, raisin – 6. voix – 7. un linge – 8. vote

4 1. Elle travaille au noir. – 2. Il a passé une nuit blanche. – 3. Il voit tout en noir, il a des idées noires. – 4. Cela a provoqué une marée noire.

Exercices p. 21

1 1. vert de jalousie, rouge de honte – **2.** des vertes et des pas mûres, de toutes les couleurs – **3.** la main verte, le feu vert du patron, des idées noires. – **4.** son feu vert, carte blanche, du bleu de Bresse – **5.** la vie en rose, rouge – **6.** fleur bleue, rouge de honte, un cordon-bleu.

2 1. Elle voit la vie en rose – **2.** Nous avons eu le feu vert de la ville. – **3.** Il faut qu'il se mette au vert. – **4.** Elle a la main verte. – **5.** Il en a vu des vertes et des pas mûres/il en a vu de toutes les couleurs/ce n'était pas rose. – **6.** Il s'est fâché tout rouge ! – **7.** Le bruit m'a fait une peur bleue.

3 mettre au vert – blanche – œil noir – feu vert – blanches – en noir – en rose

Chapitre 4   Le jardinage et le bricolage

Exercices p. 23

1 1. enlève, ramasse – **2.** enlève – **3.** sème – **4.** arrache – **5.** arrose, plante, taille – **6.** plante – **7.** faisons, creusons

2 1. des gants de jardinage – **2.** un arrosoir – **3.** un tuteur – **4.** un sécateur – **5.** une serre – **6.** un râteau – **7.** une bêche – **8.** une brouette.

3 1. V – **2.** F – **3.** F – **4.** V – **5.** F – **6.** V

4 jardine – mis – serre – enlever/ramasser – feuilles – brouette – arroser – taillé – désherbé – désherbant – herbes

Exercices p. 25

1 1. des pinceaux, un rouleau – **2.** une scie, une hache – **3.** un marteau, des clous – **4.** un escabeau – **5.** une pince – **6.** un arrosoir, un tuyau (d'arrosage) – **7.** fil de fer – **8.** une brouette

2 1. de la peinture, un rouleau, des pinceaux, une échelle ou un escabeau – **2.** un tournevis – **3.** une rallonge électrique – **4.** une perceuse – **5.** un escabeau – **6.** une pince – **7.** un marteau – **8.** une scie/une hache – **9.** une clé à molette – **10.** du papier de verre

3 1. plante – **2.** passe – **3.** ponce – **4.** serre, desserre – **5.** fait/perce – **6.** arrache/enlève

4 1. ponce – **2.** passons – **3.** plante – **4.** peint/repeint – **5.** vissent

Exercices p. 27

1 1. usé – **2.** bouché – **3.** fait – **4.** le robinet – **5.** réparer, déboucher – **6.** est coincée, grince – **7.** une coupure, une panne

2 1. l'ancienne est grillée – **2.** elle a fait une tache – **3.** il a cassé un objet et doit le recoller – **4.** l'ancien est usé – **5.** il y a une coupure ou une panne de courant/d'électricité – **6.** la clé est coincée dans la porte.

3 marchent – fuite – joint – coincée – colle – cassées – recoller – arroser – l'arrosoir

Chapitre 5   La gastronomie

Exercices p. 29

1 1. a, c, d, e, h – **2.** a, b, f, g, h – **3.** a, b, c, d, h – **4.** g, h – **5.** a, b, d, g, h – **6.** a, e, f, g, h – **7.** c, e, h

2 1. fait cuire, épluche – **2.** un plat, un poisson – **3.** remue, mélange, tourne – **4.** les arêtes, la peau – **5.** cuire, frire – **6.** ouvre, entame – **7.** assaisonne, prépare

3 a. épluchez, coupez – **c.** bouillir – **d.** battez, mélangez, remuez – **e.** versez, assaisonnez – **f.** râpez – **g.** cuire

Exercices p. 31

1 1. Denis ne peut pas être au four et au moulin ! – **2.** On nous a roulés dans la farine ! – **3.** Elle joue avec le feu. – **4.** C'est du réchauffé. – **5.** Il ne mange pas de ce pain-là. – **6.** Elle en fait tout un fromage. – **7.** Il y a à boire et à manger. – **8.** Elle a du pain sur la planche.

2 1. Ses patients abusent de son temps et de son dévouement. – **2.** Pascal boit trop. – **3.** Il n'y a rien à manger. – **4.** Elle déteste les produits industriels. – **5.** Qui s'occupe du dîner ?

Chapitre 6   Mouvements, gestes et postures

Exercices p. 33

1 1. marche – **2.** me précipite – **3.** tremble – **4.** faisons – **5.** soulever – **6.** retenir – **7.** s'est enfui

2 1. V – **2.** F – **3.** F – **4.** F – **5.** F – **6.** V

3 1. glissé, renverser, marché, retourné. – **2.** donné – **3.** tomber, ramasser – **4.** approché, enfui, faire – **5.** grimpé, attraper – **6.** buté

4 1. dans l'arbre/au sommet de la montagne – **2.** par une voiture/un camion/un bus – **3.** de la vieille dame pour l'aider – **4.** contre le trottoir/une pierre – **5.** un sac/une valise/un meuble – **6.** à toute vitesse/de chez elle. – **7.** les balles de tennis/les feuilles mortes

Exercices p. 35

1 1. Elle a les jambes pliées. – 2. Il est assis. – 3. Elle a les bras tendus. – 4. Je suis debout. – 5. Tu as la tête penchée. – 6. Il a les bras écartés.

2 1. allongé, assis – 2. écartés, croisés, tendus – 3. à plat ventre, sur le dos – 4. plie, lève, baisse – 5. droit, bien – 6. tourne, lève, penche

3 1. V – 2. F – 3. F – 4. V – 5. V – 6. F – 7. F

4 1. L'homme est debout, il a les jambes écartées et les bras croisés sur la poitrine. Il tourne la tête vers notre droite. – 2. La jeune femme fait de la gym : elle plie les jambes et lève les bras au-dessus de la tête en même temps.

5 *(par exemple)* Mettez-vous debout, les jambes légèrement écartées. Levez le bras gauche au-dessus de la tête, puis penchez-vous sur le côté droit plusieurs fois de suite. Revenez à la position de départ, baissez le bras gauche, levez le bras droit, puis penchez-vous sur le côté gauche.

Exercices p. 37

1 1. frappe – 2. déchiré, jeté, fait tomber, ramassé – 3. percuté – 4. lancé, lâché, rattrapé – 5. jeté – 6. s'enfuit, s'échappe – 7. baisses, tournes, penches

2 1. amener – 2. porter – 3. emmener – 4. ramené(e) – 5. emporte – 6. apporter – 7. mène.

3 1. V – 2. F – 3. F – 4. V – 5. F – 6. V – 7. F

4 1. tapent – 2. tâte – 3. lance, attraper – 4. secoue – 5. tape – 6. taper – 7. tenir – 8. emporte, lâche

Exercices p. 39

1 **expressions concrètes :** ils se serrent la main – il saute dans l'eau – j'ai les bras croisés – elle n'arrive pas à remuer les doigts – il donne la main à sa mère – elle lui donne un coup de pied – il hausse les épaules – elle s'est jetée dans ses bras – ils se tiennent par la taille. – **expressions imagées :** il saute de joie – elle lui tape sur les nerfs – tu te jettes à l'eau – elle reste les bras croisés – tu ne remues pas le petit doigt – il n'arrive pas à mettre la main sur cette clé – il saute sur l'occasion – elle lui donne un coup de main – il ne tient plus debout

2 1. se jette – 2. tient – 3. butons, saute – 4. accueillent/reçoivent – 5. reste

3 1. elle saute de joie – 2. Elle n'arrive pas à mettre la main dessus. – 3. Elle me tape sur les nerfs – 4. Il ne tient plus debout – 5. Est-ce que tu peux me donner un coup de main ? – 6. Cela saute aux yeux ! – 7. Elle ne tient pas debout. – 8. Il l'a laissée tomber.

Chapitre 7   L'apparence physique

Exercices p. 41

1   **1.** de l'allure, de la classe – **2.** inaperçu – **3.** gauche, empotée* – **4.** minci, maigri – **5.** sa démarche, son allure, sa silhouette.

2   **1.** F – **2.** V – **3.** V – **4.** V – **5.** F – **6.** V – **7.** F

3   **1.** voûtée – **2.** la peau et les os – **3.** se mettre en valeur – **4.** inaperçu – **5.** démarche – **6.** costaud/bien bâti – **7.** quelconque/ordinaire

4   **1.** Cette dame est très mince et se tient droit comme un i. Elle est élégante et sait se mettre en valeur. – **2.** Cet homme est grand, plutôt costaud/il est baraqué*. Il ne passe pas inaperçu.

Exercices p. 43

1   **1.** les pattes d'oie – **2.** un tic – **3.** des cernes – **4.** la figure – **5.** un sosie – **6.** des boutons

2   **1.** force – **2.** fait – **3.** pris – **4.** confondent, ressemblent – **5.** traits, cernés – **6.** la peau, boutons

3   **1.** Il a la figure ridée/couverte de rides. – **2.** Il a pris un coup de vieux. – **3.** Elle n'a plus vingt ans/elle est d'âge mûr. – **4.** Les deux sœurs se ressemblent comme deux gouttes d'eau. – **5.** Il a des boutons sur le visage. – **6.** Elle a le visage émacié. – **7.** Émilie est le sosie de Manon. – **8.** Il est joufflu. – **9.** Elle fait plus jeune que son âge. – **10.** Elle boite.

4   Cette vieille dame est restée élégante, elle a de la classe, mais elle ne se tient pas droit, elle est voûtée et s'appuie sur une canne. Elle a le visage ridé/elle a des rides sur le visage et des pattes d'oie autour des yeux.

Exercices p. 45

1   **1.** décoiffée – **2.** se laisse – **3.** au carré – **4.** la raie – **5.** un balayage, un brushing – **6.** se fait – **7.** poussent, repoussent

2   **1.** F – **2.** F – **3.** V – **4.** F – **5.** F – **6.** F

3   **1.** Elle doit se recoiffer/se donner un coup de peigne. – **2.** Elle va se faire faire une coloration/elle va se faire colorer les cheveux – **3.** Elle doit se faire faire une permanente. – **4.** Je dois refaire la coloration. – **5.** Elle doit mettre de la laque. – **6.** Elle doit se faire faire un balayage.

4   **1.** Cette jolie rousse a les cheveux courts et frisés, avec la raie sur le côté droit. Elle est mince et souriante. – **2.** Cette jeune femme a les traits tirés et les yeux cernés. Elle a l'air fatiguée. Elle a les cheveux mi-longs, raides et blonds avec une frange. Elle a un petit sourire aux lèvres.

5 *(par exemple)* Je voudrais les cheveux très courts, en dégradé derrière, avec la raie sur le côté gauche.

Chapitre 8 Le sport

Exercices p. 47

1 **Horizontalement :** 1. attaquant – 2. match – 3. entraîneur – 4. qualification – **Verticalement :** a. gardien – b. camp – c. finale – d. nul – e. égalité – f. terrain

2 1. V – 2. V – 3. F – 4. F – 5. F – 6. F

3 1. a, e, f, h – 2. a, c, d, e, h – 3. a, b, g

Exercices p. 49

1 1. devant les, face aux – 2. le coup franc, le corner – 3. un carton – 4. mène – 5. jeu – 6. inscrit – 7. imposée, qualifiée – 8. un centre, une passe

2 1. un carton rouge – 2. ils jouent la touche – 3. Le résultat du match – 4. le penalty – 5. un coéquipier – 6. un but – 7. une passe – 8. le ballon – 9. l'arbitre

3 1. dégage, envoie – 2. la touche, une faute, la remise en jeu, une tête, une passe – 3. siffle, tire – 4. un penalty, un corner, un coup franc, le coup d'envoi – 5. le joueur, la touche – 6. inscrit, marque, prend, encaisse

4 1. dégage – 2. siffle – 3. tire – 4. fait – 5. mène – 6. fait

Exercices p. 51

1 1. V – 2. F – 3. V – 4. F – 5. F – 6. V – 7. V – 8. F

2 1. tournoi – 2. classement, remporté/gagné, sets – 3. battue – 4. service – 5. coup – 6. battu, coutures

3 • *Football :* inscrire un but, cage, coup franc, surface de réparation, touche,
• *Rugby :* poteaux, mêlée, essai, ballon ovale, en-but
• *Tennis :* servir, coup droit, classement général, terre battue, ramasseur de balles, revers, filet, juge de lignes
• *Les trois sports :* finale, match, joueur, arbitre

4 1. récupère, renvoie – 2. un service, une tête, la mise en jeu, un centre – 3. 3 sets, 3 manches, 2 mi-temps – 4. gagné, perdu, remporté – 5. un match, un tournoi

Exercices p. 53

❶ 1. Il a de la discipline et le goût de l'effort. – **2.** Elle a de l'ambition et l'esprit de compétition. – **3.** Il fait preuve de concentration et de sang-froid. – **4.** Il a de l'endurance, le goût de l'effort et une remarquable énergie. – **5.** Il a de très bons réflexes et de la présence d'esprit. – **6.** Elle a de la discipline.

❷ 1. endurance – **2.** prouesses/exploits – **3.** esprit – **4.** doper, performances – **5.** d'esprit – **6.** rude – **7.** faire

❸ 1. Je vais aller droit au but. – **2.** Il est beau joueur. – **3.** Il est hors jeu/il est sur la touche – **4.** Elle a essayé de calmer le jeu. – **5.** Le jeu n'en vaut pas la chandelle. – **6.** Ce film donne le coup d'envoi du festival.

Chapitre 9   La santé – La consultation médicale

Exercices p. 55

❶ 1. V – **2.** F – **3.** F – **4.** F – **5.** V – **6.** V – **7.** F

❷ 1. douloureuse, sensible – **2.** a, s'est fait – **3.** diffuse, aiguë – **4.** mal – **5.** des douleurs, mal

❸ 1. t'es fait – **2.** a – **3.** fait – **4.** souffre – **5.** soulage/calme – **6.** fait – **7.** se tord

❹ 1. Entre deux maux, il faut choisir le moindre. – **2.** Il ne ferait pas de mal à une mouche. – **3.** Il se tord de douleur. – **4.** Il faut qu'il prenne son mal en patience. – **5.** Il y a eu plus de peur que de mal. – **6.** Ça fait un mal de chien.

❺ Elle a mal au ventre, elle a peut-être des règles douloureuses. Elle aimerait qu'un médicament soulage/calme la douleur.

Exercices p. 57

❶ 1. de la – **2.** passe – **3.** un chien – **4.** d'asthme – **5.** démange – **6.** connaissance – **7.** le mal – **8.** s'endormir

❷ 1. gratter, t'irriter – **2.** traitement/médicament – **3.** attend, l'accouchement – **4.** enrhumé(e), coule, mouche – **5.** la sieste – **6.** de la fièvre – **7.** m'empêche – **8.** de nerfs

❸ 1. Il a perdu connaissance/il est tombé dans les pommes*. – **2.** Elle va l'allaiter. – **3.** Il a une fièvre de cheval. – **4.** Il a passé une nuit blanche. – **5.** Elle attend un bébé. – **6.** Elle est enrhumée. – **7.** Il est insomniaque. – **8.** Elle a attrapé la grippe. – **9.** Il est asthmatique. – **10.** Il a eu une indigestion.

❹ 1. Ce pauvre homme est très enrhumé, il a le nez qui coule, il doit se moucher tout le temps. – **2.** Cette pauvre femme est en train de passer une nuit blanche, car le bruit l'empêche de dormir. Pourtant, elle n'est pas insomniaque !

Exercices p. 59

1 1. une entorse – **2.** une piqûre de moustique – **3.** une chute – **4.** une écorchure – **5.** la morsure – **6.** une fracture

2 1. V – **2.** F – **3.** F – **4.** F – **5.** F – **6.** V

3 1. a enflé, est dans le plâtre – **2.** un bleu, une bosse, une fracture – **3.** tordu, cassé – **4.** cassé, tordu, cogné – **5.** blessés, tombés, indemnes.

4 1. Il a été hospitalisé, parce qu'il est blessé, ou au contraire, il est rentré chez lui car il est indemne. – **2.** Elle s'est cassé la jambe/elle s'est fait une fracture ou alors elle s'est simplement fait un bleu ou une bosse. – **3.** … et il s'est coupé !/Il s'est fait une coupure. Ça saigne, il doit désinfecter la plaie et mettre un pansement. – **4.** … et maintenant, il a une bosse. – **5.** Elle s'est cassé la jambe et elle a la jambe dans le plâtre. Elle marche avec des béquilles.

5 1. La jeune femme s'est fait piquer par un moustique/un insecte, elle a une piqûre d'insecte sur la joue. – **2.** Ce pauvre homme s'est coupé en manipulant une hache. Ça saigne, il doit désinfecter la plaie et mettre un pansement. – **3.** Le pauvre homme s'est cogné la tête, il a une grosse bosse sur le crâne.

Exercices p. 61

1 1. de l'huile, de la crème – **2.** des pastilles ou un sirop – **3.** de l'aspirine – **4.** un collyre – **5.** du désinfectant et un pansement – **6.** des antibiotiques – **7.** un désinfectant, de l'alcool – **8.** une seringue – **9.** un anti-inflammatoire

2 1. va chez, appelle – **2.** ausculte, soigne, guérit – **3.** souffre, a mal, s'est fait mal – **4.** généraliste, spécialiste – **5.** une prise de sang, une radio – **6.** un pansement – **7.** le généraliste, le médecin – **8.** se fait opérer, a été opéré, a été hospitalisé.

3 1. Il a des problèmes de sommeil/il dort mal/il est insomniaque/il passe des nuits blanches. – **2.** Elle a mal aux dents/elle a une carie/on doit lui mettre une couronne. – **3.** Elle s'est écorchée/elle s'est coupée et ça saigne – **4.** Il s'est cogné – **5.** Il a mal à la tête – **6.** Il s'est cassé la jambe/il a une fracture à la jambe. – **7.** Elle s'est fait mal, cela saignait, elle avait une écorchure/elle s'est écorchée – **8.** il a été blessé dans un accident ou alors il a eu une crise cardiaque.

Chapitre 10 Caractère et personnalité

Exercices p. 63

1 1. traits – **2.** dans la lune – **3.** trempé – **4.** grandes – **5.** caractère – **6.** apparences – **7.** bien – **8.** bon

2 1. F – **2.** V – **3.** F – **4.** F – **5.** V – **6.** F

3 1. a/possède – **2.** se forger – **3.** manque – **4.** dehors – **5.** or

4 1. il est dépourvu/dénué d'intelligence – **2.** C'est une femme de caractère/elle a un caractère bien trempé. – **3.** Il n'a pas les pieds sur terre/il est souvent dans la lune. – **4.** Sous des dehors froids/contrairement aux apparences, il est chaleureux. – **5.** Elle a un caractère de cochon. – **6.** C'est une excentrique/une originale/elle est farfelue*. – **7.** Il a un caractère en or. – **8.** Elle a quelques travers. – **9.** Il est dénué de personnalité.

Exercices p. 65

1 **2.** qualités – **3.** défauts – **4.** original, singulier – **5.** farfelus* – **6.** fonceur, hardiment – **7.** raisonnable – **8.** mou

2 **1.** hardi – **2.** efficace – **3.** malléable – **4.** nonchalant – **5.** mou – **6.** versatile

3 **1.** elle est impulsive – **2.** elle a du cran/elle est intrépide – **3.** il est assez influençable, et même malléable – **4.** persévérant/tenace – **5.** ils sont opiniâtres – **6.** C'est quelqu'un d'assez froid et même indifférent. – **7.** elle est prudente/réfléchie

4 **1.** il est entêté et même buté – **2.** Elle est audacieuse/hardie. – **3.** C'est quelqu'un d'irrésolu/d'indécis – **4.** Il est têtu/opiniâtre. – **5.** Il est lâche/il est dépourvu de courage – **6.** Elle est impulsive. – **7.** Elle est persévérante/tenace. – **8.** Il est versatile/velléitaire/inconstant

Exercices p. 67

1 **1.** prend – **2.** cassant – **3.** mesurée – **4.** étale – **5.** pour – **6.** frime

2 **1.** F – **2.** F – **3.** V – **4.** F – **5.** F – **6.** F

3 **1.** Il est pondéré. – **2.** Elle a tendance à être pédante. – **3.** Il frime ! – **4.** Il est fébrile. – **5.** Il est érudit. – **6.** Il ne se prend pas pour n'importe qui ! – **7.** Il est agité. – **8.** Elle est turbulente.

4 **1.** Marie fait preuve d'arrogance et de froideur/elle est arrogante et cassante. – **2.** Il est très cultivé, voire érudit, mais est dépourvu d'arrogance, il fait preuve d'une grande modestie. – **3.** Il est d'un naturel indécis, mais en même temps, c'est quelqu'un de prudent, de réfléchi – **4.** Il frime/c'est un frimeur/un fanfaron ! – **5.** Il est fébrile et pédant.

Exercices p. 69

1 **1.** effacé, terne – **2.** inconstante – **3.** bon caractère, un caractère en or – **4.** un frimeur – **5.** se dégonfle, manque de courage – **6.** il n'est pas commode, il est difficile à vivre – **7.** il est doté, il possède – **8.** il est dans la lune

2 **1.** serviable/il a le cœur sur la main. – **2.** méticuleux/consciencieux/soigneux – **3.** attentionnée/prévenante – **4.** tatillon – **5.** un chameau – **6.** ordonné

3   1. C'est une fripouille. – **2.** Il bâcle son travail. – **3.** Il est soigneux et efficace. – **4.** Il est dans la lune/il est étourdi/distrait. – **5.** Il est craquant. – **6.** Elle est foncièrement méchante/c'est un vrai chameau.

Chapitre 11   La vie affective

Exercices p. 71

1   1. les pierres – **2.** bonheur – **3.** aux anges – **4.** chagrin – **5.** un poisson dans l'eau – **6.** maussade

2   1. portera – **2.** rend – **3.** est tombée – **4.** débordent – **5.** nageons – **6.** vivent

3   1. elle est triste à mourir – **2.** Elle est aux anges/elle est comblée. – **3.** Ils sont gais comme des pinsons, cela fait plaisir à voir. – **4.** Elle a beaucoup de chagrin. – **5.** Cela lui fait plaisir d'aider les autres. – **6.** Elle ne les extériorise pas/elle cache/dissimule ses sentiments. **7.** C'est quelqu'un de sentimental, d'affectif.

4   1. La jeune maman est comblée par son bébé, car il a l'air heureux comme un poisson dans l'eau, il est gai comme un pinson. – **2.** Ce musicien se sent bien, il a l'air heureux, cela fait plaisir à voir. – **3.** Cette petite fille a l'air toute triste, elle a le cafard, elle a l'air mélancolique.

Exercices p. 73

1   1. F – **2.** F – **3.** V – **4.** V – **5.** V – **6.** V

2   1. Il est complètement découragé. – **2.** Ils ont le mal du pays. – **3.** Elle éprouve une grande joie/elle est aux anges/elle est comblée. – **4.** Il est déprimé, il a perdu espoir, il est désespéré. – **5.** Arnaud essaye de remonter le moral à Viviane, il essaye de la distraire, de lui changer les idées. – **6.** Elles se sont trouvé des affinités, elles ont des atomes crochus. – **7.** Il se sent bien, il est épanoui dans son travail. – **8.** Il a une dent contre Alexandre ; il éprouve de la rancune envers Alexandre, il est amer ; il en veut à Alexandre.

3   1. Le pauvre homme a du chagrin, de la peine, car il vient de perdre sa femme/il a vécu un grand malheur. Son ami essaye de le réconforter, de le consoler, de lui changer les idées. – **2.** Les deux femmes se détestent, elles ne peuvent pas se supporter. Il y a de l'animosité/hostilité dans leurs rapports. Peut-être même se haïssent-elles ? –
3. Les deux hommes ont sympathisé et ont l'air de bien s'entendre. Ils entretiennent des rapports cordiaux.

Exercices p. 75

1   1. b, c – **2.** a – **3.** c – **4.** a, b – **5.** c – **6.** b

2   1. F – **2.** F – **3.** V – **4.** V – **5.** V – **6.** F

3 1. Anne est la femme/l'amour de sa vie. – **2.** Hélène lui plaît. – **3.** Je m'ennuie de Louise. – **4.** Mathilde éprouve de la nostalgie. – **5.** François a trompé Ségolène. – **6.** Laurent est dragueur.

Chapitre 12 Les réactions émotionnelles

Exercices p. 77

1 1. quel état – 2. remettre – 3. suscité – 4. serré – 5. bouleversant – 6. blessé

2 1. émue – 2. serré, bouleversé – 3. donné – 4. nous nous remettons – 5. nouée – 6. massacrante*/de dogue*

3 1. V – 2. F – 3. F – 4. V – 5. F – 6. F

4 1. Elle a été vexée. – 2. L'accident a soulevé/suscité une grande émotion. – 3. Toute la ville a été bouleversée par cette situation. – 4. Nathan a eu la gorge nouée par l'émotion/il a été paralysé par l'émotion. – 5. Pascal a feint l'émotion. – 6. Les compliments du professeur ont flatté Fabien.

Exercices p. 79

1 1. scandalisés – 2. en a marre*– 3. les nerfs – 4. la consternation – 5. agaçant – 6. déception

2 1. F – 2. V – 3. F – 4. F – 5. V – 6. V – 7. V

3 1. par-dessus la tête/marre* – 2. plongé – 3. rend, peux, insupportable/exaspérant – 4. à bout

4 (réponses possibles) 1. Elle est exaspérée. – 2. C'est insupportable, Manon en a par-dessus la tête. – 3. Lise a été indignée/outrée par l'attitude du jeune garçon. – 4. Elle doit être à bout. – 5. Il est très déçu./Quelle déception ! – 6. Je suis scandalisé(e)/indigné(e)/révolté(e) ! – 7. Il est dépité ou alors, il est furieux contre ses étudiants ! – 8. Il a honte/il est rouge de honte.

Exercices p. 81

1 1. un enfer – 2. de peur – 3. son sang-froid – 4. peur – 5. paniquer – 6. d'angoisse – 7. froide

2 1. V – 2. F – 3. F – 4. F – 5. V – 6. V

3 1. infernale – 2. le trac – 3. fait – 4. appréhensions – 5. atroces/horribles – 6. paniquer/vous affoler

4 1. Ce bruit m'a fait une peur bleue. – 2. Il a encore le trac avant d'entrer en scène. – 3. Il a gardé son sang-froid. – 4. Il est terrifié/mort de peur. – 5. Elle appréhende de prendre l'avion/elle a des appréhensions. – 6. Elle est horrible. – 7. Ils font un bruit terrible !

Exercices p. 83

1 1. éclatons, pouffons, pleurons – **2.** sautent, débordent – **3.** rigoles, pouffent de rire – **4.** au dépourvu, de court – **5.** eu le fou rire, éclaté de rire, pleuré de rire

2 1. Il éclate de rire/il se tord de rire. – **2.** Il est stupéfait. – **3.** Il est déconcerté. – **4.** J'ai été déconcerté(e)/dérouté(e)/interloqué(e) par cette réaction ; j'ai été pris(e) de court. – **5.** Il est arrivé à l'improviste. – **6.** Elle est éberluée/effarée/abasourdie/elle n'en revient pas…

3 1. marre* – **2.** soufflé(e)/médusé(e) – **3.** la trouille* – **4.** une honte – **5.** déconcertante/déroutante, dépourvu – **6.** suis déçu(e)/dépité(e) – **7.** reviens

Chapitre 13 La vie intellectuelle

Exercices p. 85

1 1. en tête – **2.** perdre – **3.** suivre – **4.** l'esprit – **5.** aperçu – **6.** derrière – **7.** suivre – **8.** idée

2 1. b – **2.** c – **3.** a, b – **4.** a, b, c – **5.** c

3 1. F – **2.** V – **3.** V – **4.** F – **5.** F – **6.** F

4 1. Cela ne m'est pas venu à l'esprit que ce serait difficile. – **2.** Je m'aperçois que c'est difficile. – **3.** Je n'ai qu'une idée en tête : la difficulté de ce projet. – **4.** Je réfléchirai plus tard à ce projet, à tête reposée. – **5.** J'en arrive à la conclusion que c'est difficile. – **6.** Je confonds ces deux projets, tellement ils sont proches.

Exercices p. 87

1 1. V – **2.** F – **3.** V – **4.** V – **5.** F – **6.** F – **7.** V – **8.** V

2 1. a, c – **2.** b, c – **3.** c – **4.** a, b – **5.** a, b, c – **6.** c – **7.** a, c

3 1. C'est une phrase ambiguë. – **2.** Je n'y suis pour rien ! – **3.** Elle se doute de quelque chose. – **4.** Elle ne tient pas ses promesses. – **5.** Ce candidat est, indéniablement, le meilleur./Il est indéniable/incontestable/indiscutable que ce candidat est le meilleur. – **6.** Elle a des doutes sur ce que dit Chloé/Ce que dit Chloé laisse Bénédicte dubitative/sceptique.

Exercices p. 89

1 1. tête – **2.** de l'esprit – **3.** d'esprit – **4.** coquine – **5.** la tête – **6.** toquée*

2 1. des doutes, toute sa tête, l'esprit lent – **2.** dans son tort, malin comme un singe. – **3.** n'a rien dans la tête, aucune idée de la question, qu'une idée en tête. – **4.** se doutent, se rendent compte, sont responsables. – **5.** la tête, l'esprit

3   1. illogique – 2. sceptique – 3. douter – 4. dément – 5. perspicace – 6. confus – 7. abruti*

4   1. Cette question était saugrenue/incongrue. – 2. Elle n'a pas inventé l'eau chaude ! – 3. Valentine est une tête. – 4. Elle est un peu toquée*/piquée*. – 5. Il déraille/déménage*/débloque*. – 6. Il est très futé*. – 7. Cette analyse est pertinente.

Exercices p. 91

1   1. remémorons – 2. De – 3. rappelle – 4. en – 5. sorti – 6. revient – 7. mémoire

2   1. d'éléphant – 2. revient – 3. bout, langue – 4. commémorative – 5. sait

3   1. F – 2. F – 3. F – 4. F – 5. V – 6. V

4   1. Elle n'a rien dans la tête. – 2. Ça ne lui a pas traversé l'esprit. – 3. Elle s'en doute. – 4. Il a encore toute sa tête. – 5. Elle n'a qu'une idée en tête. – 6. Il reconnaît ses torts.

Chapitre 14   L'opinion et l'appréciation

Exercices p. 93

1   1. est d'accord – 2. raison – 3. un accueil – 4. opinions – 5. reconnaître – 6. avis

2   1. émet – 2. reconnaître/admettre – 3. divergent – 4. va – 5. partage

3   1. F – 2. V – 3. V – 4. F – 5. F – 6. F – 7. F

4   *(réponses possibles)* 1. votre point de vue sur ce spectacle. – 2. cette décision n'a pas eu les résultats escomptés. – 3. par la chorégraphie et les costumes de ce ballet très original. – 4. de rappeler ces chiffres. – 5. a rencontré un accueil triomphal. – 6. que la situation s'est aggravée pour les plus pauvres. – 7. avec l'analyse que vous faites de la situation.

Exercices p. 95

1   1. caution – 2. d'ennui – 3. la folie – 4. d'intérêt – 5. probable

2   1. passionnant/captivant/palpitant – 2. repose – 3. ennuie/embête*– 4. mourir – 5. dépasse – 6. probable – 7. manque – 8. s'ennuient/s'embêtent*

3   1. V – 2. F – 3. F – 4. F – 5. V

4   La conversation pourrait être politique ou professionnelle, par exemple.

Philippe : Je trouve cette décision absurde, il est hors de question que je fasse ce qu'on me demande.

Benoît : Moi, au contraire, je trouve que c'est une excellente idée

Jérôme : Permettez-moi d'émettre quelques réserves. Je ne partage pas tout à fait votre opinion.

Chapitre 15 La volonté et l'action

Exercices p. 97

1 1. fait – 2. atteindra – 3. tâtonnant – 4. ne risque – 5. but – 6. prend – 7. la montre – 8. pris

2 1. Elle a l'embarras du choix. – 2. Il veut le beurre et l'argent du beurre. – 3. Il est perplexe. – 4. Elle est indécise, elle ne sait pas sur quel pied danser./Elle se confronte à un dilemme./Elle tergiverse – 5. Il faut qu'il se jette à l'eau. – 6. Il a pris son parti. – 7. Il est important d'affronter les problèmes. – 8. Elle cherche à jouer la montre.

3 1. F – 2. V – 3. F – 4. F – 5. V – 6. V – 7. F

Exercices p. 99

1 1. résolution – 2. tenter – 3. tiré – 4. projette – 5. un coup de tête – 6. se mettre – 7. réticences

2 1. F – 2. V – 3. F – 4. F – 5. F – 6. F – 7. V

3 1. Il/elle aspire à partir six mois en Italie. – 2. Il/elle se met au régime… à partir de lundi ! – 3. Il/elle est indécis(e). – 4. Il/elle a l'embarras du choix. – 5. Il/elle est perplexe devant ce choix « cornélien ». Il/elle se confronte à un dilemme. – 6. Il/elle veut le beurre et l'argent du beurre ! – 7. Il/elle s'est fixé l'objectif de réussir ses examens. – 8. Il/elle brigue un mandat de président(e). Il/elle brigue la présidence de la République.

Exercices p. 101

1 f, e, a, c, d, b

2 1. Il ira jusqu'au bout. – 2. Elle n'en fait qu'à sa tête. – 3. Ils traînent toute la journée. – 4. Il ne sait plus où donner de la tête. – 5. Il s'est donné beaucoup de mal pour résoudre ce problème. 6. Elle s'efforce de répondre à ces clients. – 7. Il tente de suivre les explications/il fait de son mieux/il se donne de la peine pour suivre les explications. – 8. Elle est au pied du mur.

3 1. Elle envisage – 2. J'échoue – 3. Nous avons l'embarras du choix. – 4. Ils ne savent pas sur quel pied danser. – 5. Il agit sur un coup de tête. – 6. Elles l'ont fait à contrecœur. – 7. Il l'a fait machinalement. – 8. Il ne l'a pas fait exprès. – 9. Je n'ai pas le choix.

Chapitre 16 — La communication

Exercices p. 103

1 1. murmure – 2. crient – 3. radote – 4. rien – 5. bafouille* - 6. les potins – 7. plaisante

2 1. F – 2. F – 3. V – 4. F – 5. V – 6. V – 7. V

3 1. bégaye – 2. se tait, silencieux – 3. baragouine* - 4. un ton – 5. barbe

4 1. Elle se tait/elle reste silencieuse – 2. Je le baragouine* – 3. Elle radote. – 4. Elle le taquine. – 5. Il marmonne/Il parle dans sa barbe. – 6. Il chuchote – 7. Nous avons parlé de tout et de rien.

Exercices p. 105

1 1. Le père fait des compliments à sa fille. – 2. Il/elle bafouille*. – 3. Il/elle parle sur un ton catégorique. – 4. Il/elle parle par sous-entendus. – 5. Il/elle fait un reproche/il/elle reproche à l'autre personne d'avoir répondu d'une manière blessante. 6. Il/elle aborde un nouveau sujet dans la réunion. – 7. Il/elle fait un lapsus.

2 1. a, du tac au tac. – 2. dit, fait – 3. coq à l'âne. – 4. sommes/restons – 5. posent – 6. en large.

3 1. Il s'est mis en contact avec Antoine. – 2. Emma raconte en détail son aventure/ elle explique tout en long et en large. – 3. Il s'est entretenu seul avec son chef. – 4. Il a répondu par sous-entendus/il n'a pas répondu de manière explicite. – 5. Il fait l'éloge du travail de Mathilde.

Exercices p. 107

1 1. entame, engage, lance – 2. la vérité, du bien – 3. un compliment, un lapsus, un mensonge, un jeu de mots – 4. est au courant de, nie – 5. prévenue, avertie, mise au courant – 6. se disputent, s'engueulent*

2 1. F – 2. F – 3. V – 4. V – 5. V – 6. F – 7. V – 8. F

3 1. ment/fait des mensonges. – 2. met – 3. se renseigne – 4. se plaint – 5. malentendu – 6. intervenir

4 La situation se passe dans une administration, à un guichet. Les usagers font la queue, ils sont de mauvaise humeur, ils se plaignent de la lenteur des choses. L'employée râle* contre les usagers, elle en a par-dessus la tête des plaintes continuelles !

Exercices p. 109

1 1. incité – **2.** révélée, démentie – **3.** tenu – **4.** les conseils. – **5.** suivi

2 1. la persuasion – **2.** la promesse – **3.** la conviction – **4.** le mensonge – **5.** la discussion – **6.** le reproche – **7.** l'entretien – **8.** la plainte – **9.** le bégaiement – **10.** l'avertissement

3 1. V – **2.** F – **3.** V – **4.** F – **5.** F – **6.** V

4 1. Il fait des mensonges/il ment. – **2.** Elle marmonne/elle mange ses mots. – **3.** Il chuchote/il murmure. – **4.** Elle le dissuade de partir/elle lui déconseille de partir. – **5.** Ils se taisent/ils restent silencieux. – **6.** Il me déconseille ce livre.

5 1. Elle prétend qu'elle a beaucoup étudié. – **2.** Elle a tenu ses engagements/parole – **3.** Elle nous a dissuadés/déconseillé… – **4.** Il assure/certifie que… – **5.** Il a apporté… – **6.** C'est un secret de Polichinelle ! – **6.** … qui m'a persuadé(e)/convaincu(e) – **7.** … s'est avéré/révélé

Chapitre 17 Changements et progrès

Exercices p. 111

1 1. élargie – **2.** un agrandissement – **3.** la rénovation, a contribué, à l'amélioration – **4.** multiplié – **5.** s'agrandit – **6.** rénové – **7.** supprimé

2 1. La santé de la vieille dame s'est améliorée. – **2.** Il faudrait que tu raccourcisses ton pantalon. – **3.** Le discours du ministre a affaibli sa position. – **4.** Le nombre d'étudiants inscrits à l'université a diminué. – **5.** Les aides financières ont été réduites/Elles ont été divisées par… deux, trois.

3 1. raccourcir – **2.** élargi – **3.** a été prolongée – **4.** modernisée – **5.** plein essor, prospère – **6.** progressé, progrès – **7.** amélioration, contribué – **8.** ne se renouvelle

Exercices p. 113

1 1. décadence – **2.** tour – **3.** préserver – **4.** le cours – **5.** dégradées – **6.** poursuivre – **7.** se propage

2 1. empire – **2.** se détériore – **3.** rétablir – **4.** ont fortement reculé/ont chuté – **5.** se propage. – **6.** demeure – **7.** a bouleversé

3 1. V – **2.** V – **3.** V – **4.** V – **5.** F – **6.** F

Chapitre 18 — L'enseignement supérieur

Exercices p. 115

1 1. remettent – 2. son – 3. va – 4. agrégée – 5. continu – 6. concours – 7. fait – 8. une bourse – 9. valider – 10. dirigés

2 1. la bibliothèque/la B.U. – 2. la carte d'étudiant – 3. une bourse – 4. un examen – 5. les frais d'inscription – 6. un concours d'enseignement, l'agrégation – 7. le restaurant universitaire/le restau-U

3 1. la B.U. – 2. un amphi – 3. à la fac – 4. restau-U – 5. T.D. – 6. cité-U

4 1. à la fac – 2. Il a échoué à/Il n'a pas eu – 3. un dossier – 4. terminal – 5. d'avoir réussi – 6. de scolarité – 7. le capes

Exercices p. 117

1 1. V – 2. F – 3. F – 4. F – 5. V – 6. F – 7. F – 8. V

2 1. fait/poursuit – 2. est inscrit – 3. rédige/prépare, remettre – 4. commencera/préparera, sera dirigée – 5. choisir – 6. travailler/bosser*, faire – 7. soutenir, décernera

3 1. Il est centralien/il a fait une grande école. – 2. Elle prépare sa thèse. – 3. Elle a raté son examen/elle a été collée* à son examen. – 4. Il doit faire un topo* sur l'histoire de Paris. – 5. Il est énarque/il a fait une grande école. – 6. Qui est ton patron de thèse ? – 7. Il a énormément bossé* pour ses examens. – 8. Elle est en prépa*.

Chapitre 19 — Le monde de l'entreprise

Exercices p. 119

1 1. ciseaux – 2. casier – 3. joindre – 4. bloc-notes – 5. tableau d'affichage – 6. ordre du jour

2 1. je rédige – 2. joindre – 3. Le chef – 4. Les fournitures sont – 5. la télécopie – 6. Elle photocopie le document

3 1. une ramette de papier – 2. un arrache-agrafes – 3. une imprimante – 4. le tableau d'affichage – 5. l'ordre du jour – 6. une étiquette – 7. un trombone

4 1. imprime – 2. une étiquette – 3. ramette – 4. affiche – 5. la cartouche – 6. l'agenda – 7. laisser

Exercices p. 121

1 1. de l'intérim, une carrière – 2. occupe – 3. licenciée, embauchée – 4. sa candidature – 5. est congé, au chômage – 6. faillite – 7. un salaire, une prime – 8. une promotion, un poste – 9. une formation

2 1. couler*, faire faillite – 2. engager, embaucher – 3. virer*, licencier – 4. un emploi, un boulot* – 5. travailler, bosser* – 6. une entreprise, une boîte*

3 1. Elle vient d'obtenir une promotion. – 2. Il/elle fait de l'intérim/il/elle est intérimaire. – 3. Il/elle est au chômage/il/elle est chômeur (-euse). – 4. Il/elle est surmené(e). – 5. Il dirige/gère une équipe. – 6. L'entreprise va faire faillite, il/elle risque d'être licencié(e). – 7. Il/elle a eu un entretien d'embauche.

Exercices p. 123

1 Au premier poste : 2, 4, 5, 8

Au second poste : 3, 6, 7, 10

Aux deux postes : 1, 9

2 1. recherchons/avons embauché/avons licencié – 2. je cherche/j'ai trouvé – 3. est – 4. s'occupe – 5. gagne – 6. s'occupe d'/range/classe – 7. a obtenu – 8. tape/rédige/affiche/classe/range/imprime – 9. gérez/dirigez/avez – 10. travaille/bosse*

3 1. chômage – 2. CDI – 3. imprimante – 4. candidature – 5. intérim – 6. entreprise – 7. vente – 8. collaboration

4 1. est apte à – 2. est dotée/possède – 3. un atout. – 4. la rémunération – 5. interlocuteurs – 6. s'investit - 7. est diplômée/est titulaire d'un diplôme

Chapitre 20   L'économie et le commerce

Exercices p. 125

1 1. déficitaire – 2. prend, perd – 3. s'échange – 4. pouvoir – 5. détient, a – 6. en hausse, en baisse – 7. subventions

2 1. Le marché ou le taux de change. – 2. La balance commerciale. – 3. Un actionnaire. – 4. Le niveau de vie, ou alors le déficit public. – 5. Une entreprise publique. – 6. Le PIB. – 7. Les valeurs.

3 1. F – 2. V – 3. V – 4. F – 5. F – 6. V

4 1. pouvoir, niveau – 2. balance – 3. crise – 4. valeur – 5. s'échange, changes

Exercices p. 127

1 1. chuter – 2. croître – 3. marasme – 4. recul – 5. reprise – 6. prix – 7. accélérer

2 1. ont diminué – 2. ont chuté – 3. en baisse – 4. raisonnable/modéré – 5. une diminution/une baisse – 6. a chuté – 7. Ça coûte trois fois rien/Ça ne revient pas cher – 8. en plein essor

3 1. V – 2. F – 3. F – 4. F – 5. F – 6. V – 7. V – 8. V

4 1. la réduction – 2. la chute – 3. ralentissement – 4. escalade – 5. redressement – 6. déclin – 7. accroissement

Exercices p. 129

1 1. V – 2. F – 3. F – 4. F – 5. V – 6. F

2 1. gamme, sur – 2. a déposé – 3. ont fusionné, groupe – 4. réaliser/faire – 5. chiffre – 6. bilan – 7. cessation, faillite

3 1. des bénéfices – 2. monter – 3. une niche – 4. en faillite – 5. filiales – 6. dépenses, revenus – 7. une société/une boîte* – 8. sont commercialisés – 9. La clientèle

4 1. Il n'acceptera à aucun prix ce travail. – 2. Ce voyage coûte les yeux de la tête. – 3. Pour moi, ça n'a pas de prix ! – 4. Les légumes sont donnés, ils coûtent trois fois rien. – 5. Nous devons à tout prix partir ce soir. – 6. Il n'est pas donné.

Chapitre 21   Les médias – La presse

Exercices p. 131

1 1. diffusé, retransmis – 2. le journaliste, l'envoyé spécial – 3. médiatique – 4. une interview – 5. sur les antennes, sur le petit écran, en différé.

2 1. F – 2. F – 3. F – 4. F – 5. F – 6. V

3 1. une chaîne de télévision – 2. une antenne – 3. une émission – 4. les ondes – 5. l'opinion publique – 6. une station de radio

4 1. le journal télévisé – 2. passe – 3. téléspectateurs – 4. station – 5. médiatique – 6. zappons – 7. sondage

Exercices p. 133

1 1. un hebdo, un journal, une revue – 2. dans la presse, à la une, dans les journaux – 3. rubriques, dessins, petites annonces – 4. journaliste, envoyé spécial, photographe – 5. communiqués, agences, conférences, attachés

2 1. la une – 2. nous abonner – 3. la liberté, la censure – 4. en ligne – 5. numéro – 6. paraît/sort – 7. magazine – 8. rubriques

3 1. un hebdo[madaire] – **2.** le dessin – **3.** le rédacteur en chef – **4.** la une – **5.** les lecteurs – **6.** une conférence de presse – **7.** le numéro – **8.** le marchand de journaux.

Chapitre 22 Les crimes et les faits divers

Exercices p. 135

1 1. d, e, h, l – **2.** b, f, j – **3.** a, c, g, – **4.** c, i, k

2 1. F – **2.** F – **3.** F – **4.** F – **5.** V – **6.** F – **7.** V

3 corps, témoin, victimes, enquêteurs/policiers, enquête, indice, crime, mobile, analyses

Exercices p. 137

1 1. un suspect – **2.** une complice – **3.** des trafiquants – **4.** un escroc – **5.** une innocente – **6.** les enquêteurs/policiers

2 avocat, meurtrier/assassin, arrêté, enquête, innocent, enquêteurs/policiers, preuves, coupable, procès, reconnu, condamné

3 1. Il a avoué/reconnu son crime/il est passé aux aveux. – **2.** Cette femme faisait du chantage – **3.** L'homme a tiré sur cette dame et l'a abattue./Il a abattu la dame à coups de revolver. – **4.** La jeune femme est emprisonnée pour cambriolage.

4 1. Le voleur vient de dérober des bijoux, il est en train de s'enfuir. Il sera peut-être arrêté par les policiers. – **2.** Le policier interroge un témoin, ce qui permettra peut-être de trouver une piste et découvrir le coupable. – **3.** L'homme tire sur quelqu'un, il tire un coup de revolver. Espérons qu'il rate sa victime ! – **4.** L'avocat défend son client au tribunal, pendant le procès. Il cherche à convaincre les jurés que son client est innocent. – **5.** Une dame se fait voler son collier et son sac à main par un voleur. Une vieille dame est témoin de la scène et pourra aider les enquêteurs à retrouver le voleur.

Chapitre 23 L'environnement

Exercices p. 139

1 1. cyclables – **2.** panneaux – **3.** émet, d'échappement – **4.** ordures – **5.** centrales, déchets – **6.** couche, serre

2 1. F – 2 V – **3.** F – **4.** F – **5.** F – **6.** F – **7.** V

3 1. le conteneur pour verre usagé – **2.** la pollution – **3.** les déchets ménagers – **4.** un carburant propre – **5.** le verre, le papier et les ordures ménagères – **6.** les produits toxiques. – **7.** les éoliennes

4   1. renouvelable, alternative, nucléaire – 2. le gaspillage – 3. des panneaux solaires, des éoliennes – 4. le papier, le verre, les ordures ménagères – 5. propre

Exercices p. 141

1   **Horizontalement :** 1. avalanche – 2. ouragan – 3. crue – 4. séisme

       Verticalement : a. volcan – b. désastre – c. inondation

2   1. débordé, dévasté – 2. un incendie – 3. sinistrée, décombres – 4. de force – 5. le raz-de-marée – 6. la lave

3   1. décombres – 2. désastre – 3. incendie – 4. crue – 5. trembler – 6. éruption

4   1. Il déborde d'énergie – 2. Il a reçu une avalanche de courrier, il a été inondé de courrier. – 3. Il a un tempérament volcanique. – 4. Nous avons reçu une avalanche de mauvaises nouvelles. – 5. Cet événement a provoqué un séisme dans l'opinion publique.

Chapitre 24   La politique et la société

Exercices p. 143

1   1. un renseignement, une attestation, un formulaire – 2. un imprimé, un formulaire – 3. des démarches, la queue – 4. des pièces justificatives – 5. la lenteur, l'administration – 6. une carte de séjour, une attestation, un document

2   1. remplir – 2. faisons – 3. bénéficie – 4. périmé, renouveler – 5. compléter – 6. s'inscrire

3   1. V – 2. F – 3. F – 4. V – 5. F – 6. V

4   1. un(e) fonctionnaire – 2. la sécurité sociale – 3. les listes électorales – 4. des formulaires – 5. un justificatif de domicile – 6. le guichet – 7. les démarches administratives

Exercices p. 145

1   1. se mettent – 2. de démissionner – 3. nommé – 4. cote – 5. président de la République – 6. L'Assemblée nationale – 7. satisfaction

2   1. le Premier ministre – 2. les syndicats – 3. l'opinion publique/la cote de popularité – 4. le président de la République – 5. l'hymne national – 6. les contribuables

3   1. députée, ministre – 2. de, militants, parti – 3. grève, manifestations – 4. devise – 5. sont, reprendront, satisfaction – 6. a remporté/gagné

4 Les manifestants défilent dans la rue. Ils se dirigent (ce qui est courant) vers la Bastille. Ils protestent contre une décision du gouvernement, et ils veulent obtenir satisfaction.

Exercices p. 147

1 1. les Juifs – 2. la mosquée – 3. ils prient – 4. la laïcité – 5. les exclus/les chômeurs de longue durée – 6. la misère – 7. les délinquants – 8. les immigrés – 9. le christianisme

2 1. pour, contre – 2. séparation – 3. brûlants – 4. droits – 5. lieux – 6. prient – 7. le chômage, exclusion, réinsertion – 8. fléau

3 1. F – 2. V – 3. F – 4. F – 5. F – 6. F – 7. V

Chapitre 25 L'histoire

Exercices p. 149

1 1. le siècle – 2. cavernes – 3. chronologie – 4. historiques – 5. l'avènement – 6. préhistorienne

2 1. fouilles – 2. découvert – 3. cour, courtisans – 4. empereur, Empire – 5. événement, tournant – 6. datent

3 1. V – 2. F – 3. V – 4. V – 5. F

4 1. Voltaire est l'auteur le plus connu du siècle des Lumières. – 2. On a découvert les ruines d'un château médiéval. – 3. Cet événement marque un tournant dans l'histoire. – 4. Adam passe du temps à consulter les archives. – 5. Georges est médiéviste.

Exercices p. 151

1 1. paix, rétabli – 2. combats – 3. le respect, l'Homme – 4. défaite – 5. déclaré – 6. donne – 7. ancienne

2 1. F – 2. V – 3. F – 4. F – 5. V – 6. V

3 1. sont, l'arrêt – 2. entamer – 3. signer, traité – 4. rétablir – 5. ambassade

4 1. Des massacres ont été commis. – 2. La France et la Russie ont conclu une alliance à la fin du XIXe siècle. – 3. Heureusement, ils ont engagé/entamé des pourparlers de paix. – 4. Des atrocités ont été commises pendant cette guerre. – 5. Le cessez-le-feu/l'arrêt des combats a été déclaré. – 6. La France a ouvert une ambassade dans ce pays. – 7. Ces deux pays sont en conflit armé.

Chapitre 26 Les arts visuels

Exercices p. 153

1 1. étale – 2. l'eau – 3. couleurs – 4. reproductions – 5. acquisitions – 6. le chevalet

2 1. son atelier – 2. le tube – 3. le chevalet – 4. tableaux/chefs-d'œuvre – 5. un cadre – 6. la signature

3 1. F – 2. F – 3. F – 4. V – 5. V – 6. F – 7. F

4 1. Un chef-d'œuvre – 2. Une historienne de l'art japonais – 3. Un critique. – 4. Un modèle – 5. Un conservateur – 6. le vernissage – 7. un mécène – 8. la palette

Exercices p. 155

1 1. mortes – 2. croquis – 3. bâti – 4. état – 5. restauré – 6. une copie – 7. marbre

2 1. statues/sculptures – 2. classée – 3. représente – 4. abstrait – 5. une copie, esquisse – 6. mosaïques – 7. en mauvais état

3 1. l'architecte – 2. le château/le temple/le bâtiment/l'édifice… – 3. un croquis – 4. une œuvre d'art/une fresque… – 5. Un tableau/un paysage – 6. C'est une copie. – 7. Un sculpteur – 8. Le tableau – 9. Une fresque – 10. Les crayons

Exercices p. 157

1 1. un téléobjectif – 2. un chevalet – 3. un logiciel informatique – 4. un crayon et du papier à dessin – 5. un pinceau – 6. un flash – 7. un agrandissement – 8. un album

2 1. un peintre/artiste, tableaux/paysages/chefs-d'œuvre – 2. dessinateur, dessin – 3. collectionneur, collectionner, exposition – 4. conservateur, collections. – 5. architecte, plans – 6. sculpteur, sculpture – 7. photographe, photographie. – 8. retouchée

3 1. Il s'agit d'un écrivain de tout premier plan. – 2. Notre magnifique voyage s'est bien passé. Seule ombre au tableau, on m'a volé mon sac à main. – 3. Nicolas est le portrait de son père. – 4. Arthur reprend le projet qu'il avait laissé en plan. – 5. Elle bâtit des châteaux en Espagne ! – 6. C'est un monument de bêtise ! – 7. Je ne vais pas vous faire un dessin. – 8. Elle ne peut pas le voir en peinture. – 9. Tu vois d'ici le tableau !

Chapitre 27 Théâtre – musique – cinéma

Exercices p. 159

1 1. une place, un strapontin – 2. une pièce de théâtre, un spectacle. – 3. sur scène – 4. à l'orchestre, sur des strapontins, au premier balcon – 5. donne – 6. la scène, les acteurs, les décors

② 1. places – 2. relâche – 3. se joue – 4. les coulisses – 5. vestiaire – 6. dramaturge/auteur de théâtre, pièces de théâtre

③ **Horizontalement :** 1. place – 2. pièce – 3. décor – 4. fosse – 5. scène – 6. relâche – 7. salle – 8. loge – 9. rideau – 10. représentation
Verticalement : a. vestiaire – b. projecteurs – c. spectateur – c. orchestre – d. rang

Exercices p. 161

① 1. saluent – 2. L'acteur – 3. coup de théâtre – 4. au premier balcon – 5. tournée – 6. le rôle

② 1. V – 2. F – 3. F – 4. F – 5. F – 6. V – 7. F

③ 1. répètent – 2. mise en scène – 3. triomphe, fait – 4. tient/joue – 5. trac – 6. en tournée

④ 1. Ça a été un coup de théâtre ! – 2. Elle lui fait des scènes. – 3. Il a joué un rôle de premier plan. – 4. Elle joue la comédie. – 5. Elles travaillent sans relâche. – 6. Il a eu le beau rôle. – 7. Aurélien a agi en coulisses.

Exercices p. 163

① 1. le clavier, les pédales, les touches – 2. un air, un refrain – 3. un arpège, un accord, une noire. – 4. bien, juste, faux – 5. du violon, une gamme, les notes.

② 1. faux, fais, notes – 2. lire/déchiffrer, solfège, clé – 3. accompagne – 4. cœur, partition – 5. dirige – 6. à queue

③ 1. F – 2. V – 3. F – 4. V – 5. V – 6. F – 7. V

④ 1. en – 2. sur – 3. par – 4. du, de la – 5. par – 6. déchiffre

Exercices p. 165

① d, b, e, g, f, h, a, c

② 1. V – 2. F – 3. F – 4. V – 5. F

③ 1. sort – 2. remet/décerne/attribue – 3. a obtenu – 4. passe – 5. documentaire – 6. porté/adapté – 7. métrage

④ 1. Elle a été la vedette de la soirée. – 2. C'est toujours le même refrain./Il pourrait changer de refrain ! – 3. Les rôles étaient renversés. – 4. Je me suis fait tout un cinéma. – 5. C'est le ton qui fait la chanson.

Chapitre 28 Le livre et la littérature

Exercices p. 167

1 1. bibliothèque – **2.** tiré – **3.** exemplaire – **4.** un recueil – **5.** emprunter, rendre – **6.** dessinées – **7.** paru, sorti. – **8.** la table

2 1. tiré, exemplaires – **2.** d'occasion – **3.** volumes/tomes – **4.** manuels – **5.** recueil – **6.** dédicacé, dédicace – **7.** la table – **8.** bande dessinée/BD*

3 1. F – **2.** V – **3.** F – **4.** V – **5.** F – **6.** F – **7.** V

4 1. un livre – **2.** exemplaires – **3.** le bouquiniste – **4.** la sortie/publication/parution du livre – **5.** un manuel scolaire

Exercices p. 169

1 1. publie – **2.** dévorent – **3.** parcouru – **4.** exemplaires – **5.** consulte – **6.** son autobiographie – **7.** journal – **8.** dialogues

2 1. F – **2.** F – **3.** V – **4.** V – **5.** F – **6.** V

3 1. l'écriture/le style – **2.** chef-d'œuvre – **3.** dramaturge – **4.** correspondance – **5.** contes – **6.** recueils – **7.** cite – **8.** emprunter

4 1. Elle bouquine* sur sa terrasse. – **2.** Elle fait une citation de Flaubert./Elle cite un extrait d'un roman de Flaubert. – **3.** Il a feuilleté le livre dans la librairie. – **4.** Il a écrit des nouvelles. – **5.** Il s'agit d'un chef-d'œuvre de la littérature française. – **6.** Avez-vous lu l'œuvre complète de Maupassant ? – **7.** Eluard est un poète. – **8.** Elle dévore ce roman policier.

Exercices p. 171

1 1. reçu – **2.** se passe – **3.** traite – **4.** histoire – **5.** roman – **6.** influencé

2 1. le titre – **2.** l'auteur – **3.** pièce de théâtre – **4.** se passe – **5.** est sorti/a été publié – **6.** personnage principal/le héros – **7.** chef-d'œuvre – **8.** imite

3 1. Elles ont tourné la page. – **2.** Cela ne rime à rien de publier ce texte. – **3.** Il se lit comme un roman. – **4.** Ne me raconte pas d'histoires ! – **5.** Il fait toujours des histoires.

Activités communicatives
N° 1 – Barbara en a assez…

Exercices p. 172

1 1. F – **2.** V – **3.** F – **4.** F – **5.** V – **6.** V

2 1. b – **2.** a – **3.** a – **4.** b – **5.** b – **6.** b – **7.** a

N° 2 – Un nouveau crime inexpliqué !

Exercices p. 173

1 1. V – 2. F – 3. F – 4. F – 5. V – 6. F

2 1. un(e) meurtrier (-ère) – 2. un témoin – 3. un trafiquant – 4. un(e) coupable – 5. un(e) chômeur (-euse) – 6. un agresseur

3 1. Nous avons la conviction – 2. louches – 3. des indices – 4. la recrudescence

N° 3 – Un mouvement social

Exercices p. 174

1 1. F – 2. F – 3. V – 4. V – 5. V

2 1. l'embauche – 2. régresser/décliner – 3. le marasme/la crise économique ou encore la stagnation – 4. augmenter – 5. la hausse – 6. l'accélération

3 1. la grève – 2. le chiffre d'affaires – 3. les syndicats – 4. des négociations – 5. un député – 6. un électeur

N° 4 – Samantha et Sébastien, un nouvel amour ?

Exercices p. 175

1 1. F – 2. V – 3. V – 4. F – 5. F – 6. V

2 1. ont commencé – 2. Cela va de soi / C'est certain / Personne n'en doute. – 3. C'est évident. – 4. Il a fait tout son possible/Il s'est mis en quatre. – 5. Elle a une dent contre quelqu'un. – 6. passer à autre chose.

N° 5 – Les joies de la campagne

Exercices p. 176

1 1. F – 2. F – 3. V – 4. V – 5. F – 6. F

2 1. a – 2. b – 3. a – 4. a – 5. b – 6. b

N° 6 – Deux passionnés

Exercices p. 177

1 1. F – 2. V – 3. F – 4. V – 5. V

2 1. J'admets – 2. Il est indiscutable – 3. J'étais loin de / Je ne me doutais pas du tout que – 4. enthousiasmé/émerveillé – 5. Si je ne me trompe

N° 7 – Deux personnalités bien opposées !

Exercices p. 178

1 1. V – 2. F – 3. F – 4. F – 5. F

2 Ce sont probablement des jeunes gens. Blaise veut devenir danseur étoile, il n'est donc pas vieux ! Sophie ne travaille pas encore, aura des entretiens d'embauche et a déjà des diplômes.

3 1. être dans la lune – 2. avoir de la repartie – 3. remuer ciel et terre – 4. sauter au plafond – 5. se mettre en quatre

N° 8 – Une campagne électorale

Exercices p. 179

1 1. F – 2. V – 3. F – 4. F – 5. F

2 1. la laïcité – 2. rude épreuve – 3. d'éléphant – 4. ambiguë – 5. électeurs – 6. saugrenue – 7. pondérée

N° 9 – Tout est bien qui finit bien, heureusement…

Exercices p. 180

1 1. F – 2. V – 3. V – 4. V – 5. F

2 1. en deux mots – 2. se précipiter – 3. se douter – 4. éclater de rire – 5. s'en ficher – 6. une idée [m'] a traversé l'esprit – 7. reconnaître ses torts – 8. se remettre de ses émotions.